INSTRUCTIONS PRATIQUES

SUR LES

OPÉRATIONS DE NIVELLEMENT

ET SUR LE PIQUETAGE D'ORDRE

DES COURBES CIRCULAIRES DE RACCORDEMENT

DANS LE TRACÉ

DES LIGNES DE CHEMINS DE FER, DES ROUTES ET DES CANAUX.

Par F. Julien,

Conducteur des Ponts et Chaussées.

PÉRIGUEUX,

CHEZ J. BOUNET, LIBRAIRE, COURS MICHEL-MONTAIGNE.

1859.

PÉRIGUEUX, IMPR. FAURE et RASTOUIL,
rue Taillefer, 14.

INSTRUCTIONS PRATIQUES

SUR LES

OPÉRATIONS DE NIVELLEMENT

ET SUR LE PIQUETAGE D'ORDRE

DES COURBES CIRCULAIRES DE RACCORDEMENT

DANS LE TRACÉ

DES LIGNES DE CHEMINS DE FER, DES ROUTES ET DES CANAUX,

Par F. Julien,

Conducteur des Ponts et Chaussées.

PÉRIGUEUX,

CHEZ J. BOUNET, LIBRAIRE, COURS MICHEL-MONTAIGNE.

1859.

PRÉFACE.

En général, tous ceux qui, jusqu'à ce jour, se sont occupés dans leurs ouvrages de la question de Nivellement en ont négligé complètement les détails pratiques, ou se sont peu étendus sur ces détails; ils ont sacrifié, pour ainsi dire, cette partie de l'art, qui a cependant son importance, à la théorie proprement dite. D'un autre côté, ces mêmes détails, lorsqu'on en trouve dans leurs ouvrages, sont souvent incomplets et presque toujours confondus dans les définitions théoriques, en sorte que, pour la plupart des lecteurs, ils passent inaperçus ou restent incompris; c'est donc pour suppléer à ce défaut que nous traitons aujourd'hui le même sujet.

Notre ouvrage n'est pas un livre de science, mais un livre de pratique; un manuel simple dans sa forme, clair dans ses divisions et ses explications; utile à tous ceux qui s'occupent réellement sur le terrain d'opérations de Nivellement, et qui tiennent à produire dans leur travail toute l'exactitude dont il est susceptible. Corriger les mauvais procédés, quand il en existe, et généraliser autant que possible les bons, voilà le but que nous nous sommes proposé.

Nous donnons, en outre, divers procédés pour le Piquetage d'Ordre ou le Tracé des courbes circulaires de raccordement.

Le Nivellement et le Tracé des voies de communication sont deux opérations différentes, mais qui dépendent l'une de l'autre dans le plus grand nombre des cas : elles constituent d'abord la base des projets auxquels elles se rattachent; en outre, elles sont faites successivement sur le terrain; par ces motifs, la réunion dans le même ouvrage des principes d'après lesquels elles doivent être effectuées nous a paru toute naturelle.

On trouvera d'ailleurs, dans les préliminaires de la seconde partie de notre travail, des explications particulières sur les procédés dont nous venons de parler, et il suffira de lire ces préliminaires pour apprécier leur degré d'utilité.

Première Partie.

INSTRUCTIONS PRATIQUES

SUR LES

OPÉRATIONS DE NIVELLEMENT

DÉFINITIONS GÉNÉRALES.

Un nivellement est une opération qui a pour objet de faire connaître la hauteur de divers points du sol par rapport au centre de la terre.

On nomme *ligne d'horizon vrai* toute circonférence décrite du centre de la terre qui touche le rayon visuel horizontal au point qu'occupe l'œil de l'observateur. Elle est supposée parallèle à la surface de la terre.

On nomme *ligne d'horizon apparent* le rayon visuel horizontal lui-même. Cette ligne, considérée par rapport au point où l'on se trouve, est toujours une tangente à la ligne d'horizon vrai.

Les instruments employés pour les opérations de nivellement sont *le niveau* et *la mire*.

Le niveau sert à déterminer des *plans de visée* horizontaux coïncidant avec les lignes d'horizon apparent, et la mire sert à mesurer les distances verticales comprises entre ces plans et chacun des points qu'on nivelle.

On donne le nom de *coup* à chacune des quantités accusées par la mire.

On donne le nom de *cote* à chacune des quantités représentant la hauteur d'une verticale.

Avec les niveaux d'eau chaque coup donne une cote réelle; mais avec les niveaux à bulle d'air, il faut la moyenne de deux coups au moins pour avoir une cote.

On donne le nom de *station* au lieu où le niveleur place son niveau pour opérer. Une station comprend en outre tout ce qui se rapporte à l'opération faite sous un même plan de visée. On dit aussi : *Station* du niveau et *station* de la mire.

Pour avoir la hauteur réelle d'une verticale, on doit retrancher de la cote accusée par la mire *l'élévation* de la ligne d'horizon apparent au-dessus de la ligne d'horizon vrai, et ajouter à cette même cote *l'abaissement* causé par la réfraction atmosphérique. La verticale qui n'a pas subi cette correction est dite *cote de niveau apparent;* quand elle l'a subie, elle prend le nom de *cote de niveau vrai.*

La hauteur de l'horizon apparent au-dessus de l'horizon vrai est égale à la différence qui existe entre le rayon de la terre, passant par le point de station du niveau, et une sécante trigonométrique passant par le point de station de la mire, le rayon visuel horizontal constituant d'ailleurs la tangente de ces deux lignes.

Si l'on considère l'arc compris entre le rayon de la terre et la sécante comme égal à la tangente, ce qu'on peut faire sans inconvénient, vu l'acuité de l'angle au centre de la terre, on obtient l'excès h de l'horizon apparent sur l'horizon vrai, en résolvant un triangle rectangle dont les côtés sont :

1° Le rayon de la terre, soit $R = 6,366,000$ mètres;

2° La tangente a, égale à la distance comprise entre la station du niveau et la station de la mire;

3° La sécante trigonométrique correspondante, dont la mesure est égale à $R + h$.

La formule à employer pour avoir h est donc :

$$h = \frac{a^2}{2R}; \text{ et plus exactement : } h = \left(\sqrt{a^2 + R^2}\right) - R.$$

Néanmoins, il est reconnu que la première de ces deux formules donne des résultats suffisants.

Quant à la réfraction atmosphérique f, elle est égale, d'après plusieurs expériences faites, à environ *un sixième* de h, en sorte qu'on a la réfraction en faisant :

$$f = \frac{h}{6.3}$$

Par suite, la quantité q à retrancher de chaque verticale ou cote se trouve réduite à :

$$q = \frac{a^2}{2R} - \frac{h}{6.3}$$

Nous allons donner un exemple de la correction d'un *coup* quelconque, en exagérant beaucoup la distance qu'on peut avoir du niveau à la mire, pour rendre l'exemple plus sensible.

Supposons donc un coup pris à 2,000 mètres de distance du niveau.

Pour une distance semblable, *l'élévation* de la ligne d'horizon apparent au-dessus de la ligne d'horizon vrai, ou h, est égale à 0^m,314.

Pour la même distance, la *réfraction atmosphérique f*, qui fait paraître les objets plus élevés qu'ils ne sont en réalité, est de 0^m,050 ; en sorte que la mire, vue de cette distance, doit accuser un chiffre plus petit de 0^m,050 que celui qu'elle accuserait si la réfraction n'existait pas.

Cela posé, supposons encore que le chiffre accusé par la mire soit de.. 3^m,264

Retranchons d'abord la quantité h, soit............ 0^m,314

Reste...................... 2^m,950

Ajoutons maintenant la quantité f, ou l'abaissement causé par la réfraction, qui est de.............. 0^m,050

Le coup pris à 2,000 mètres de distance, ramené au *niveau vrai*, sera de.................................... 3^m,000

On obtient le même résultat en retranchant directement du chiffre accusé par la mire la quantité $(h - f)$ qui exprime la valeur de q dans la formule donnée plus haut.

Il existe déjà des tables, comme nous en donnons une à la fin de la première partie de cet ouvrage, qui dispensent l'opérateur de calculer la valeur de q. Au reste, nous ferons observer que dans la pratique on ne tient compte de l'excès de l'horizon apparent sur l'horizon vrai et de l'abaissement causé par la réfraction que dans des cas exceptionnels, c'est-à-dire lorsque le nivellement exige une très-grande précision. D'un autre côté, on rend inutile l'application de la formule, en plaçant le niveau au centre, ou à peu près, des points sur lesquels on opère, parce qu'alors l'égalité de distance des stations de la mire donnant à la quantité q la même valeur, laisse la différence des cotes de l'horizon vrai égale à celle des cotes de l'horizon apparent.

Il y a des cas cependant où la quantité q peut être employée utilement; ce sont ceux où les distances de la station du niveau à chacune des stations de la mire excèdent *cent mètres* et présentent en même temps d'assez grandes inégalités entr'elles.

On nomme *plan de comparaison* un plan horizontal qu'on suppose passer au-dessus des plans de visée ou au-dessous du sol. A ce plan, qui n'est en réalité qu'une surface sphérique parallèle à la surface des mers considérée comme prolongée au-dessous de la surface de la terre, se rattachent, par des *ordonnées cotées*, tous les points nivelés du sol.

Ces ordonnées, calculées au moyen des verticales ou cotes

dont nous avons déjà parlé, sont substituées à ces dernières et les font même disparaître totalement au résultat.

Lorsqu'une seule station a suffi pour effectuer un nivellement, le plan de visée horizontal qui a servi de base à l'opération peut être pris pour plan de comparaison. Dans ce cas, les verticales ou cotes qui se rapportent à cette opération sont considérées comme des ordonnées réelles ; mais dans tout autre cas il n'en saurait être de même : il est évident que dans un nivellement qui exige plusieurs stations, n'en exigeât-il que deux, on est dans la nécessité d'établir un plan de comparaison unique pour relier et coordonner toutes les parties de l'opération.

Le plus souvent, le niveau de la mer est pris pour plan de comparaison.

Indépendamment du plan de comparaison qui constitue un repère général *fictif* auquel se rattachent, comme nous venons de le dire, toutes les parties de l'opération, on établit, de distance en distance, et chaque fois que l'occasion se présente, des repères particuliers, réels, fixes, permanents, facilement accessibles. Ces derniers repères, qui sont d'une utilité incontestable pour la vérification des opérations, sont pris ordinairement sur les bornes des routes, sur les seuils des portes, sur les parapets des ponts, etc., etc. On a toujours soin d'indiquer ces repères par des croix †, gravées, soit avec la pointe d'un couteau, soit avec un ciseau de maçon, sur les objets mêmes où ils sont pris.

Dans la pratique, on entend par *nivellement* toute opération ayant pour objet de déterminer la différence de hauteur de plusieurs points du sol, etc., quel que soit d'ailleurs leur nombre et quelles que soient aussi les distances qui les séparent.

Le résultat de l'opération prend également le nom de nivellement.

Mais on donne particulièrement le nom de *profil en long* au résultat du nivellement qui a pour objet de reproduire dans un plan vertical, et suivant l'axe d'une route, d'un canal, d'un chemin de fer, d'une rue, etc., toutes les sinuosités du sol.

Le résultat d'un nivellement effectué sur une ligne coupant normalement le profil en long, et dont la longueur varie suivant les besoins, prend le nom de *profil en travers*.

Les profils en travers ont pour objet de faire connaître la situation du sol à droite et à gauche du profil en long.

En général on fait un profil en travers sur chacun des points nivelés du profil en long.

On distingue dans les opérations deux sortes de nivellements : les *nivellements simples* et les *nivellements composés*. On appelle nivellement simple, celui qui peut être effectué sans changer le niveau de place, et nivellement composé, celui dont les opérations exigent plusieurs stations.

Pour chacune des stations des nivellements composés on a

deux cotes principales, distinctes : la *cote d'arrière* et la *cote d'avant*.

On a aussi, par la même raison, le *coup d'arrière* et le *coup d'avant*.

La cote d'arrière est la première qu'on prend dans chaque station ; elle se rapporte toujours à un point du sol, etc., dont la hauteur est déjà connue, soit par suite d'opérations qui ont précédé, soit par toute autre cause. Lorsque ce point n'est pas celui du *départ* du nivellement, on le désigne ordinairement par le nom de *repère de liaison*.

La cote d'avant est celle qu'on prend ensuite sans changer le niveau de place, ou plutôt la dernière de celles qu'on prend dans chaque station de niveau.

Outre ces deux cotes principales, on a encore les *cotes intermédiaires ;* celles-ci se prennent immédiatement après la cote d'arrière.

Le point sur lequel on prend la cote d'avant d'une station quelconque est le même que celui sur lequel on prend la cote d'arrière de la station suivante ; c'est ce point, commun à deux stations successives et à deux plans de visée différents, qui prend le nom de *repère de liaison*.

Les repères de liaison servent à lier, de deux en deux, les nivellements simples dont les nivellements composés sont formés.

Entre une cote d'avant et une cote d'arrière qui se rapportent au même point du sol, il ne peut y avoir aucun calcul à faire ; ces deux cotes, ainsi disposées, n'ont aucune relation entr'elles.

Mais il n'en est pas de même lorsqu'elles appartiennent à la même station. Dans ce cas, la cote d'arrière, les cotes intermédiaires, quand il y en a, et la cote d'avant, toujours liées ensemble par le plan de visée qui leur sert de base, donnent lieu à tous les calculs de l'opération.

La situation de hauteur des points nivelés, correspondant soit à la cote d'avant, soit aux cotes intermédiaires, est toujours déterminée, dans chaque station, par la différence qui existe entre chacune de ces cotes et la cote d'arrière.

Les cotes intermédiaires diffèrent des autres cotes en ce que les erreurs dont elles pourraient être affectées leur sont propres, c'est-à-dire en ce qu'une erreur commise en les établissant ne peut jamais se répéter sur une autre cote, quelle qu'elle soit.

Nota. — Presque tous les termes que nous venons de citer, tels que ceux de *nivellements simples*, de *nivellements composés*, de *plans de visée*, de *stations*, de *coups d'arrière*, de *coups d'avant*, etc., etc., sont exclusivement consacrés au langage des opérations sur le terrain et ne figurent que sur le carnet du niveleur. Une fois les opérations rapportées, on ne connaît plus que des nivellements proprement dits ; des profils en long et des profils en travers. Pour ce qui est des *cotes d'arrière* et des *cotes d'avant*, elles disparaissent totalement, pour faire place aux cotes ordinaires ou ordonnées.

DES INSTRUMENTS D'OPÉRATION.

1° Des Niveaux.

Il existe deux sortes de niveaux bien distincts employés dans les opérations graphiques : nous entendons parler du *niveau d'eau* et du *niveau à bulle d'air*.

Bien que ces deux instruments diffèrent dans leurs formes respectives, leur objet est le même.

La raison qui détermine à employer plutôt l'un que l'autre, est la précision qu'on désire obtenir dans le résultat de l'opération ou la célérité qu'on désire imprimer à celle-ci.

Pour les opérations qu'il importe de faire avec une grande précision, telles que celles qui concernent les profils en long, celles qui servent à comparer les hauteurs de différents points séparés par de grandes distances, etc., on fait usage ordinairement du niveau à bulle d'air.

Pour les opérations qui n'exigent pas une précision rigoureuse, telles que celles qui se rapportent aux profils en travers, aux hauteurs comparatives de quelques points peu éloignés les uns des autres, on se sert du niveau d'eau, dont la manœuvre est plus simple, moins longue à exécuter que celle du niveau à bulle d'air.

Il est inutile de faire la description du niveau d'eau : cet instrument est généralement connu. D'ailleurs, il suffit de l'avoir vu manœuvrer une seule fois pour en comprendre le jeu et savoir le manœuvrer soi-même ; mais il nous reste à faire connaître la forme des autres instruments, la disposition des pièces qui les composent, et à indiquer la manière de s'en servir.

Les explications que nous allons donner sur ces matières ne seront autres que celles dont on peut tirer facilement parti dans un livre. L'expérience nous a clairement démontré que deux heures passées auprès d'un habile opérateur en apprennent beaucoup plus, sur de tels sujets, que de longues dissertations écrites, quelque précises et quelque explicites qu'elles soient.

Tous les niveaux à bulle d'air ne sont pas construits de la même manière ; de là, les niveaux dits d'*Egault*, de *Bianchi*, de *Lenoir*, etc., qui portent le nom de leur inventeur.

Quel que soit d'ailleurs le système qui ait servi de base à leur construction, leur manœuvre dans les opérations est à peu près la même.

Les deux principales pièces qui entrent dans leur composition sont le *tube à bulle d'air* et la *lunette*. L'horizontalité du tube à bulle d'air détermine l'horizontalité de la lunette, et cette dernière sert à assurer les plans de visée. Quant aux autres pièces, dont l'ensemble constitue ce qu'on nomme le *bâti du niveau*, elles ne doivent être considérées que comme les accessoires des deux premières. Ces accessoires sont en général des *pivots*, des *supports*, des *appuis*, des *leviers* et des *arrêts*, servant d'abord à fixer l'instrument lui-même sur son pied, à établir ensuite l'horizontalité du tube à bulle d'air, et en dernier lieu, à supporter et à orienter la lunette.

Le tube de la lunette est ordinairement formé de trois pièces mobiles, jouant à coulisse, engagées les unes dans les autres.

La première contient l'*objectif*, la seconde le *réticule* et la troisième l'*oculaire*.

Pour établir le rapport qui doit exister entre l'allongement de la lunette et la vue de l'opérateur, on règle d'abord la distance qui doit séparer le réticule de l'oculaire, et, en dernier lieu, celle qui doit se trouver entre l'oculaire et l'objectif.

2° Des Mires.

On a des mires *à voyant* et des mires *parlantes*.

Les premières se composent ordinairement de deux règles graduées et d'un voyant. Une de ces règles est censée fixe et l'autre est censée mobile; leur longueur est de $2^m,10$ à $2^m,20$ chacune, ce qui donne à la mire un développement de $4^m,00$ au moins.

Ces règles glissent l'une sur l'autre au moyen d'une coulisse et de trois capucines en fer ou en cuivre qui les embrassent.

Chacune de ces capucines est munie d'une vis de pression, à large tête, servant à la manœuvre de la mire.

La face du voyant est partagée par deux lignes, dont une est horizontale et l'autre verticale; c'est le point d'intersection de ces lignes qui sert de point de visée au niveleur.

Dans l'emploi de la mire à voyant, les cotes sont lues et accusées par le porte-mire lui-même, ce qui exige quelque intelligence de la part de ce manœuvre.

Les mires parlantes sont ordinairement des règles en bois léger, souvent d'une seule pièce, de 4^m,00 de hauteur au moins, 0^m,15 de largeur et 0^m,02 environ d'épaisseur; elles sont munies d'une poignée qui sert à les maintenir debout et d'un fil-à-plomb qui sert à en assurer la verticalité.

La disposition de leur graduation, dont nous donnons le détail plus loin, permet à l'opérateur de distinguer, au moyen de la lunette du niveau, les cotes des points qu'il nivelle et de les lire lui-même.

Les erreurs résultant d'une cote mal lue sur la mire à voyant, et partant mal accusée par le manœuvre chargé de la porter, ne peuvent se produire avec la mire parlante; aussi cette dernière est-elle préférée à la mire à voyant.

Mais nous ferons observer en même temps que cette préférence ne peut avoir lieu que pour les opérations effectuées avec le niveau à bulle d'air, dont la lunette seule permet à l'opérateur de distinguer les chiffres de la mire; pour les opérations faites avec le niveau d'eau, on est toujours obligé de faire usage de la mire à voyant.

MISE EN STATION DES NIVEAUX D'EAU.

La mise en station du niveau d'eau consiste uniquement dans la pose de son pied. Ce pied doit être disposé de telle sorte que le *pivot* ou *poinçon* qui le termine au sommet, et qui reçoit la *douille* du niveau, soit autant que possible vertical.

On obtient cette verticalité en écartant ou en rapprochant l'une ou l'autre des branches du pied. Cette opération devient des plus faciles avec les pieds *à genou* ou *à double articulation*, tels que ceux de *Goulard*, fabricant à Montauban.

MISE EN STATION DES NIVEAUX A BULLE D'AIR.

Comme on a plusieurs espèces de niveaux à bulle d'air, on a aussi plusieurs espèces de pieds pour les supporter. Néanmoins, ces pieds ne diffèrent entr'eux en général que dans les pièces qui les terminent à leur sommet.

Ceux qui sont destinés à supporter les niveaux *à douille* sont munis d'un *poinçon* auquel s'adapte cette douille, et ceux qui doivent supporter les niveaux *à trépied* ou *patin* sont terminés à leur sommet par un *disque* ou *plateau* horizontal, au milieu duquel glisse verticalement un *goujon* à ressort servant à fixer le bâti du niveau.

Les niveaux à douille n'ont ordinairement que deux *vis calantes;* les niveaux à patin en ont toujours trois; ce sont ces vis qui servent à établir l'horizontalité du tube à bulle d'air.

Pour la mise en station des niveaux à bulle d'air, on a trois choses à observer.

La première concerne le pied : elle consiste dans la verticalité du poinçon pour les niveaux à douille, et dans l'horizontalité du dessus du plateau pour les niveaux à patin.

On obtient la verticalité des poinçons ou l'horizontalité des plateaux des pieds en opérant comme nous l'avons déjà dit pour la mise en station des niveaux d'eau, c'est-à-dire en écartant ou en rapprochant plus ou moins l'une ou l'autre des branches des pieds.

La seconde concerne encore le pied du niveau : elle consiste dans sa disposition sur le terrain, de telle sorte qu'une ligne droite horizontale supposée, passant par deux des vis calantes du niveau, quelles qu'elles soient, puisse se trouver parallèle, ou à peu près, au rayon de visée.

Pour les niveaux à douille qui n'ont que deux vis de cette espèce, c'est toujours la ligne qui passe par ces deux vis qu'on observe pour remplir cette condition.

Cette disposition du pied du niveau, sans être d'une nécessité absolue, est très-avantageuse, en ce qu'elle rend facile la manœuvre des vis calantes pour le *rappel* de la bulle au milieu de son tube, lorsqu'elle s'en écarte.

La troisième chose à observer concerne la bulle d'air : elle consiste dans son horizontalité.

Pour obtenir cette horizontalité avec un niveau muni de trois vis calantes, on dirige d'abord le tube à bulle d'air dans le sens du rayon de visée, et l'on manœuvre les deux vis calantes qui se trouvent placées dans la même direction, jusqu'à ce que la bulle soit amenée au milieu du tube. Pour arriver à ce résultat, il suffit quelquefois de manœuvrer une seule de ces vis; ensuite on fait faire un quart de révolution horizontale au tube à bulle d'air, et au moyen de la troisième vis calante on amène encore la bulle au milieu du tube.

On répète cette manœuvre autant de fois qu'il est nécessaire, et l'on reconnaît que la condition d'horizontalité demandée est obtenue, lorsque la bulle d'air reste au milieu du tube, quelle que soit la direction qu'on fasse prendre à ce dernier.

Avec les niveaux qui n'ont que deux vis calantes, on place d'abord le tube à bulle d'air dans la direction de la ligne horizontale qui passe par ces deux vis, et l'on manœuvre ensuite l'une d'elles; on agit même sur les deux au besoin; mais dans ce cas il faut en tourner une dans un sens et l'autre dans l'autre. Lorsque la bulle est arrivée au milieu du tube, on fait faire un quart de révolution horizontale à ce dernier, et l'on opère encore sur les deux mêmes vis, mais en observant cette fois-ci de les tourner dans le même sens et d'agir *autant* sur l'une que sur l'autre.

On répète cette manœuvre, comme nous l'avons déjà dit, autant de fois qu'il est nécessaire pour obtenir l'horizontalité de la bulle, quelle que soit la direction donnée à son tube.

Dans les opérations de nivellement, il arrive souvent que la bulle d'air se déplace pendant qu'on vise la mire, ce qui oblige le niveleur, après avoir *pris* le coup, et avant d'inscrire la cote accusée par la mire, de s'assurer de l'horizontalité du tube de cette bulle. Lorsque, par une cause quelconque, ce fait se produit, on doit toujours ramener la bulle au milieu du tube, en manœuvrant l'une ou l'autre des deux vis calantes placées dans la direction du rayon de visée, et *reprendre* ensuite le coup.

Il est évident que l'état de la bulle d'air, pendant les opérations, doit préoccuper sérieusement le niveleur et lui faire perdre du temps ; mais on remédie à cet inconvénient en confiant la surveillance et la manœuvre de cette bulle à un ouvrier intelligent, à l'ouvrier même qui est chargé de porter le niveau d'une station à l'autre. C'est une mesure d'ailleurs que nous avons adoptée dans toutes nos opérations de nivellement de quelque importance. Avec cette manière de procéder, un temps précieux est économisé et employé utilement aux calculs des opérations sur les lieux mêmes.

MANŒUVRE DES NIVEAUX

APRÈS LEUR MISE EN STATION POUR LA PRISE DES COTES.

Nous n'entrerons dans aucun détail sur le procédé à suivre pour la prise des cotes d'un nivellement exécuté avec les niveaux d'eau : c'est un procédé connu, pour ainsi dire, de tout le monde. Quant au procédé à employer avec les niveaux à bulle d'air pour la même opération, il n'en est pas de même : ce dernier demande des explications; nous allons les donner.

Les deux principaux *organes* d'un niveau de l'espèce de ces derniers, la *lunette* et le *tube à bulle d'air*, peuvent, avec certaines combinaisons, recevoir *quatre dispositions différentes*, d'où résulte qu'on peut prendre, sur le même point à niveler, *quatre coups* plus ou moins différents.

Pour l'intelligence des explications qui vont suivre, nous allons désigner ces quatre dispositions par : *première, deuxième, troisième* et *quatrième positions de la lunette.*

La première position de la lunette s'obtient en prenant le niveau tel qu'il se trouve après l'avoir mis en place et *réglé*, sans aucune combinaison préparée;

La deuxième s'obtient en faisant faire à la lunette seule une demi-révolution sur son axe;

La troisième, en faisant faire une demi-révolution horizontale au tube à bulle d'air, et en replaçant la lunette dans le sens où elle se trouvait pour la deuxième position;

Enfin, la quatrième position s'obtient en faisant faire seulement à la lunette une demi-révolution sur son axe.

De ces quatre positions il résulte quatre coups différents, qui, combinés convenablement *deux à deux*, donnent toujours deux sommes égales.

C'est la moyenne de deux de ces coups qu'il faut avoir au moins, comme nous l'avons dit plus haut, pour constituer une cote vraie : soit la moyenne du premier et du troisième coups, soit son égale, celle du deuxième et du quatrième.

Il est un fait important à observer ; c'est que ces deux moyennes, dont une suffit pour l'opération, se contrôlent réciproquement par leur égalité ; et que cette égalité est, pour ainsi dire, une preuve infaillible de l'exactitude des coups.

Parmi les niveleurs, il en est qui, après avoir additionné les quatre coups ensemble, prennent pour cote moyenne le *quart* de la somme qui en résulte. Avec cette manière de procéder, qui fait disparaître le contrôle dont nous venons de parler, les erreurs provenant d'un coup mal lu sur la mire, ou mal inscrit sur le carnet, ne peuvent jamais être découvertes, et c'est par cette raison que ce procédé est mauvais.

Il en est d'autres qui, pour hâter le travail, ne prennent que deux coups ; le premier et le troisième. Cette manière d'opérer suffirait parfaitement, si l'on était toujours sûr de l'exactitude de ces deux coups ; mais comme rien ne garantit qu'ils soient sans erreurs, elle présente le même inconvénient que la précédente, c'est-à-dire qu'on est toujours obligé de faire une seconde fois, pour vérification, les opérations effectuées dans l'une ou l'autre de ces conditions, avant de pouvoir les considérer comme exactes.

On peut cependant ne donner que deux coups sur les points *intermédiaires*, c'est-à-dire sur tous ceux qui ne doivent pas servir de *repères de liaison*, par cela même qu'une erreur commise à l'égard d'une cote intermédiaire, comme nous l'avons dit plus haut, ne peut se reproduire sur aucune autre.

On inscrit les quatre coups résultant des quatre positions de la lunette de la manière suivante :

Soit A, B, les deux sens de la lunette,

Et a, b, les deux sens du tube à bulle d'air.

	1er et 3e COUPS.	2e et 4e COUPS.	COTE moyenne
1er Coup : A, a, dont le chiffre, je suppose, est	3^m,105	»	
2e Coup : B, a, *idem*.....................	»	3^m,000	
3e Coup : B, b, *idem*.....................	3^m,250	»	
4e Coup : A, b, dont le chiffre doit conséquemment être de.....................	»	3^m,355	
Sommes (dont l'égalité prouve l'exactitude)...	6^m,355	6^m,355	
Cote moyenne réelle.....................	3^m,177	3^m,178	3^m,177

Avec les mires parlantes le calcul se simplifie.

La longueur des parties graduées de ces dernières mires est en général *doublée*, c'est-à-dire que le mètre linéaire légal est

représenté par *deux mètres*, le décimètre par *deux décimè-
tres*, et le centimètre par *deux centimètres*.

Il résulte de cette disposition de la graduation que chacune
des deux sommes des coups, combinés comme nous venons
de l'indiquer, donne *directement* la cote moyenne réelle.

En voici un exemple.

Supposons que le point du sol sur lequel nous avons opéré
avec une mire à voyant pour démontrer les quatre positions de
la lunette soit encore celui sur lequel nous allons prendre nos
coups avec une mire parlante, la position du niveau restant la
même, bien entendu, pour les deux opérations.

La mire parlante, par suite de la disposition de sa graduation, réduira nécessairement de moitié le chiffre de chacun des
coups, et nous aurons :

	1er et 3e coups.	2e et 4e coups.	COTE moyenne
Pour le 1er et le 2e coups : *A, a* et *B, a*........	1m,552	1m,500	
Pour le 3e et le 4e coups : *B, b* et *A, b*........	1m,625	1m,677	
Sommes égales à la cote moyenne réelle.	3m,177	3m,177	3m,177

Nous avons dit plus haut qu'on reconnaissait que les chiffres
donnés par la mire avaient été lus et inscrits exactement lorsque la somme du premier et du troisième coups était égale à
la somme du second et du quatrième ; néanmoins, on considère l'opération comme bonne, même pour les nivellements
qui exigent une grande précision, lorsque, en opérant avec
une mire à voyant, ces sommes ne diffèrent entr'elles que de

quatre millimètres au plus, quantité qui se réduit à *deux millimètres* en arrivant à l'une et à l'autre des cotes moyennes, et à *un millimètre*, en définitive, si l'on partage la différence des deux moyennes.

Donnons un exemple de ce fait.

Soit une opération qui demande une grande précision.

Supposons que les deux sommes obtenues avec une mire à voyant soient.............................. $3^m,996$ | $4^m,000$

Les deux moyennes seront.............. $1^m,998$ | $2^m,000$

Si nous partageons la différence de ces moyennes, la cote réelle deviendra.................................| $1^m,999$

résultat qui confirme ce que nous venons de dire.

Mais nous ferons observer que cette différence de quatre millimètres, tolérée dans les opérations faites avec les mires à voyant, ne doit être que de *deux millimètres* au plus lorsqu'on fait usage des mires parlantes, si l'on veut obtenir le même résultat à la fin du calcul.

Pour les nivellements qui ne demandent pas une précision rigoureuse, on néglige une différence entre les deux sommes de *huit millimètres* au plus, lorsque l'opération est faite avec une mire à voyant, et de *quatre millimètres* au plus, si l'on fait usage d'une mire parlante.

Pour l'un et l'autre de ces deux derniers cas, les différences se réduisent à *deux millimètres* au résultat définitif du calcul.

Enfin, dans les opérations de précision, comme dans les

opérations ordinaires, lorsque les différences dont nous venons de parler sont plus grandes que celles indiquées ci-dessus, les coups doivent être *repris*.

Pour prévenir les erreurs qui peuvent être commises par suite d'une fausse manœuvre du niveau, il serait prudent de désigner les quatre positions de la lunette par des signes gravés sur l'instrument lui-même. Les lettres qui nous ont servi pour distinguer les coups rempliraient parfaitement cet objet. Ainsi, les deux sens de la lunette seraient marqués des lettres A et B, et les deux sens du tube à bulle d'air des lettres a et b.

Cette précaution permettrait d'ailleurs de revenir au besoin, sans tâtonnement, sur un coup dont on douterait de l'exactitude, et épargnerait souvent la peine de recommencer l'opération des quatre coups.

DES CARNETS DE NIVELLEMENT.

Sur les carnets de nivellement, les colonnes destinées à l'inscription des coups et des cotes, des différences des cotes, des ordonnées et des distances, occupent toujours le *verso* des feuillets ou une partie de ce verso; on réserve le *recto* et ce qui peut rester du verso pour les observations et pour la preuve des calculs du nivellement, ainsi que cela est indiqué sur les deux modèles de carnets donnés plus loin.

Dans la colonne *c* de ces carnets, les coups ou cotes d'arrière sont indiqués par la lettre *R*, et les coups ou cotes d'avant par la lettre *A*; les coups intermédiaires sont ceux qui ne sont précédés d'aucun signe.

Lorsque la hauteur du point de départ d'un nivellement n'est pas connue à l'avance, on assigne à ce point une ordonnée quelconque, supposée, et, en pareil cas, toutes celles du nivellement prennent le nom *d'ordonnées conventionnelles*.

Sur chacun des modèles de carnets que nous donnons (colonne *e*), la première ordonnée a été cotée 100^m,000; elle est ou supposée ou censée avoir été déterminée par un nivellement fait antérieurement.

Pour établir le chiffre de l'ordonnée qui suit immédiatement celle du point de départ, ou le chiffre de celle qui suit immédiatement une autre ordonnée, quelle qu'elle soit, déjà déterminée, on *ajoute* à cette dernière, ou l'on *retranche* de cette dernière, la différence des deux coups correspondants.

Les signes (+) et (—) qui précèdent les différences des coups ou cotes (colonne *d*), indiquent si elles sont à ajouter ou si elles sont à retrancher.

Lorsque le plan horizontal de comparaison est pris en dessous du sol, comme dans les modèles suivants, la différence de deux coups consécutifs est *additive* si le chiffre du premier est plus *fort* que le chiffre du dernier, et *soustractive* dans le cas contraire.

Enfin, lorsque le plan de comparaison est pris au-dessus

des plans de visée, c'est le procédé inverse qu'il faut observer.

Les distances du nivellement (colonne *f*) se rapportent toujours à deux points consécutifs de la ligne nivelée; elles donnent, par suite, la position des repères qui se trouvent par hasard placés sur cette ligne. Quant à la position des repères pris isolément, elle ne peut être indiquée d'une manière précise que sur le plan des lieux dont chaque nivellement est ordinairement accompagné.

Nous donnons deux exemples de repères isolés sur le premier modèle de carnet : l'un répondant à l'ordonnée 99^m,800, et l'autre à l'ordonnée 99^m,546.

Sur toute l'étendue de la ligne à niveler on place, de cent mètres en cent mètres, ou de deux cents mètres en deux cents mètres, des *piquets d'ordre* numérotés.

Dans la colonne des observations des carnets de nivellement, on doit toujours indiquer la cote qui se rapporte à chacun de ces piquets. Nous donnons des exemples de cette indication sur le premier tableau, en regard de la sixième, de la neuvième, de la douzième et de la seizième ordonnées, et, sur le second tableau, en regard de la deuxième et de la dernière ordonnées.

Les piquets d'ordre sont d'ailleurs indispensables pour la vérification et le contrôle des distances partielles.

On fait la preuve des calculs de chaque page de nivellement dans les dernières colonnes du tableau.

Cette preuve consiste à établir d'abord la somme des coups d'arrière et la somme des coups d'avant; ensuite à comparer la différence de ces sommes avec la différence qui existe entre la première et la dernière ordonnées de la page : c'est l'*égalité* de ces deux différences qui constate l'exactitude des calculs.

Un exemple de cette preuve est donné sur chacun des deux modèles de carnets.

Pour avoir les cotes réelles du nivellement sur le tableau (second modèle), les opérations ayant été faites avec un niveau à bulle d'air et une mire à voyant, nous avons dû diviser par deux les sommes des coups; mais nous aurions été dispensé de faire cette division si les opérations avaient été effectuées avec une mire parlante; les sommes des coups, dans ce dernier cas, nous auraient donné *directement* les cotes réelles du nivellement, ainsi que cela a été expliqué plus haut.

CARNET DE NIVELLEMENT.

Premier Modèle.

Carnet de Nivellement

(NOTA. — Les opérations sont faites avec un niveau d'eau et avec une mire à voyant, et le plan horizontal de comparaison est pris su-dessous du sol.)

	c.	*d.*	*e.*	*f.*	OBSERVATIONS.
	COUPS ou cotes	DIFFÉRENCES en + et en −	ORDONNÉES.	DISTANCES entre les points nivelés	
R	1m,505		100m,000		Point de départ. — Des sus de la borne n° 24 ; route de Ste-Clair à Sablon.
	1m,605	— 0m,100	99m,900	30m,00	Milieu du chemin de la Villette à Desbourg.
	1m,705	— 0m,100	99m,800	....	Repère † pris en dehors de la ligne. Parapet d'amont du pont Roux.
A	1m,405	+ 0m,300	100m,100	22m,00	Pré.
R	3m,100				
	2m,150	+ 0m,950	101m,050	24m,00	Terre labourée. Village de Grand-Champs.
	0m,750	+ 1m,400	102m,450	24m,00	Piquet d'ordre n° 1.
A	0m,750	= 0m,000	102m,450	24m,00	Pré.
R	1m,850		102m,450		
A	1m,750	+ 0m,100		50m,00	Sur le bord gauche du ruisseau de Claireau.
R	0m,550		102m,550		Piquet d'ordre n° 2.
	2m,452	— 1m,902	100m,648	36m,00	Repère † pris en dehors de la ligne ; seuil de la porte de la maison Bernard.
	3m,554	— 1m,102	99m,546	....	Bois taillis.
	3m,304	+ 0m,250	99m,796	50m,00	
A	3m,000	+ 0m,304	100m,100	50m,00	Piquet d'ordre n° 3. — Village de Fontenelle.
R	0m,854				
	1m,554	— 0m,700	99m,400	25m,00	Taillis.
	2m,322	— 0m,768	98m,632	20m,00	Pré.
A	0m,624	+ 1m,698	100m,330	35m,00	Terre labourée.
R	1m,205				
	1m,305	— 0m,100	100m,230	20m,00	Piquet d'ordre n° 4. — Près d'une haie.
A	0m,305	+ 1m,000	101m,230	15m,00	Bruyères.
	A reporter...		101m,230		

PREUVE DES CALCULS.	
COUPS *R.*	COUPS *A.*
1m,505	1m,405
3m,100	0m,750
1m,850	1m,750
0m,550	3m,000
0m,854	0m,624
1m,205	0m,305
9m,064	7m,834
7m,834	
1m,230	Différence.
1re ordonnée....	100m,000
Dernière *id*.....	101m,230
Différence égale.	1m,230

CARNET DE NIVELLEMENT.

Second Modèle.

Carnet de Nivellement (Second Modèle.)

(Nota. — Les opérations sont faites avec un niveau à bulle d'air et avec une mire à voyant, et le plan horizontal de comparaison est pris au-dessous du sol.)

a. 1er et 3e COUPS.	b. 2e et 4e COUPS.		c. COTES MOYENNES réelles.	d. DIFFÉRENCES en + et en —	e. ORDONNÉES.	f. DISTANCES entre les points nivelés	OBSERVATIONS.
3m,105 3m,250	3m,000 3m,355						
6m,355 3m,177	6m,355 3m,178	R	3m,178		100m,000		Seuil + en pierre de la porte d'entrée de la cour du château de Montbrillant. *Point de départ.*
3m,542 3m,420				— 0m,303		100m,00	
6m,962 3m,481	....		3m,481		99m,697		*Piquet d'ordre n° 1.* — Sur le bord du chemin du Garreau à Maison-Brune.
1m,324 1m,542				+ 2m,048			
2m,866 1m,433	....		1m,433		101m,745	....	*Repère* + pris en dehors de la ligne. Coche faite sur l'angle nord du mur Petit-Jean.
1m,788 1m,852	1m,824 1m,820			— 0m,388		80m,00	
3m,640 1m,820	3m,644 1m,822	A	1m,821				
3m,150 3m,165	3m,162 3m,153				101m,357		Milieu du chemin de Ste-Claire à St-Vincent.
6m,315 3m,157	6m,315 3m,158	R	3m,157				
3m,200 2m,412	2m,312 3m,298			+ 0m,851		20m,00	
4m,612 2m,306	4m,610 2m,305	A	2m,306		102m,208		*Piquet d'ordre n° 2.* — Terre labourée.
					A reporter.... 102m,208		

PREUVE DES CALCULS.

COUPS R.	COUPS A.
3m,178 3m,157	1m,821 2m,306
6m,335 4m,127	4m,127
2m,208	Différence.
1re ordonnée.... 100m,000	
Dernière id..... 102m,208	
Différence égale. 2m,208	

RECTIFICATION DU PARALLÉLISME

ENTRE L'AXE DE LA LUNETTE ET L'AXE DU TUBE A BULLE D'AIR.

Il arrive quelquefois, au moment où l'on veut faire usage d'un niveau, que la lunette se trouve *décentrée* et le tube à bulle d'air *déréglé*. Souvent même, dans le cours des opérations d'un nivellement, le parallélisme des axes de ces deux pièces *s'altère*, soit par l'effet de la température, soit par toute autre cause ; il est donc indispensable, lorsque ce fait se produit, de savoir rétablir l'instrument dans son état primitif.

Quel que soit le système de construction des niveaux, les moyens à employer pour le rétablissement du parallélisme dont il s'agit reposent sur les mêmes principes ; il suffit donc de connaître ces principes une fois pour toutes, pour savoir au besoin rectifier tous les niveaux.

Soit, par exemple, qu'il s'agisse de rectifier un niveau sur le bâti duquel le tube à bulle d'air est fixé d'une manière permanente.

On *centrera* d'abord la lunette, ensuite on *règlera* le tube à bulle d'air.

Pour centrer la lunette, on fait placer une mire à cent mètres environ de distance du niveau, on amène la bulle au milieu de son tube, et l'on prend un premier coup (A, a), dont le chiffre, je suppose, est de............................ 1ᵐ,542

On fait faire à la lunette une demi-révolution sur son axe, on ramène au besoin la bulle au milieu du tube, et l'on prend un second coup (*B, a*), dont le chiffre, je suppose encore, est de....................... 1ᵐ,876

On fait la somme de ces deux coups................ 3ᵐ,418

Et l'on divise cette somme par 2, ce qui donne une *moyenne* de.. 1ᵐ,709

On agit ensuite sur les deux petites vis *à baguette* du réticule qui font saillies sur le corps de la lunette, autant qu'il est nécessaire pour que le rayon visuel passant par le centre du réticule corresponde exactement à la *moyenne* (1ᵐ,709) que nous venons de déterminer.

Nous ferons remarquer cependant qu'il existe certaines lunettes dont le réticule n'a qu'une vis de rectification, agissant dans le sens horizontal; mais dans ce cas l'objectif, qui est mobile, en a une autre qui agit dans le sens vertical. Pour le centrage des lunettes de cette espèce, c'est sur ces deux vis qu'il faut opérer.

La lunette étant centrée, on procède au *règlement* du tube à bulle d'air.

A cet effet, on amène d'abord la bulle au milieu de son tube au moyen des vis calantes du niveau, et l'on prend un premier coup (*A, a*), dont le chiffre, je suppose, est de   1ᵐ,648

A reporter..................... 1ᵐ,648.

$$Report\ldots\ldots\ldots\ldots\quad 1^m,648$$

On fait faire une demi-révolution horizontale au tube à bulle d'air, on remet la lunette dans le sens où elle était pour le premier coup, on amène de nouveau la bulle d'air au milieu de son tube, et l'on prend un second coup (A, b), dont le chiffre, je suppose encore, est de$\ldots\ldots\ldots\ldots\ldots\ldots\ldots\ldots\quad 1^m,854$

On fait la somme de ces deux coups$\ldots\ldots\ldots\ldots\quad 3^m,502$

Et l'on divise cette somme par 2, ce qui donne une *moyenne* de$\ldots\ldots\ldots\ldots\ldots\ldots\ldots\ldots\quad 1^m,751$

On amène ensuite le rayon visuel de la lunette sur cette *moyenne* ($1^m,751$) en agissant sur les vis calantes du niveau, sans se préoccuper de la bulle d'air pendant cette opération.

Lorsque le fil horizontal du réticule se projette parfaitement sur la moyenne dont nous venons de parler, on ramène la bulle au milieu de son tube au moyen d'une petite vis de rectification placée ordinairement sous l'un des bouts de celui-ci.

Cela fait, le but qu'on s'était proposé est atteint.

Néanmoins, s'il existait encore quelques différences sensibles entre les coups d'une même cote, cela ne pourrait provenir que de l'inégalité de hauteur des points d'appui des collets de la lunette, ou de l'inégalité d'épaisseur de ces mêmes collets : en un mot, cela ne proviendrait que du défaut de perpendicularité de l'axe vertical de rotation du bâti du niveau sur l'axe de la lunette, défaut qu'il est le plus souvent impossible de faire disparaître.

Il est un fait certain, c'est que le parallélisme de l'axe de la lunette avec l'axe du tube à bulle d'air, quelles que soient les précautions qu'on prenne pour l'établir, ne peut jamais être réalisé *complètement* par suite de l'imperfection des instruments; mais nous ferons observer en même temps qu'un simple défaut de parallélisme ne peut influer en rien sur le résultat des opérations de nivellement, et que, quelles que soient les différences entre les coups d'une même cote, *la moyenne arithmétique* de ces coups ramène toujours à la vérité.

Si l'on tient à ce qu'un niveau soit rectifié autant qu'il est possible, ce n'est pas précisément pour avoir une plus grande exactitude dans le résultat des opérations, mais bien pour prévenir ou plutôt atténuer un inconvénient d'exécution.

En effet, avec une différence trop grande entre les chiffres d'une même cote, il arrive souvent qu'après avoir pris un coup portant soit sur l'une, soit sur l'autre des extrémités de la mire, le coup subséquent vient *frapper dans le vide* en passant soit au-dessus, soit au-dessous de cette mire, inconvénient qui oblige toujours le niveleur à changer son instrument de place et à recommencer l'opération des quatre coups.

Toutefois, nous ferons remarquer que lorsque nous disons que l'imperfection des instruments s'oppose toujours à la complète réalisation de leur rectification, nous n'entendons pas confondre cette imperfection (dont nous avons d'ailleurs fait connaître la cause) avec les véritables vices de construction des instruments, quand ils en ont; avec certains défauts capitaux qu'ils pourraient avoir.

Ainsi, il est bien entendu que le *ballottement*, la *vacillation*, la *courbure* des pièces, quelles qu'elles soient, qui exigent dans leur fonctionnement un jeu régulier, un frottement juste, uniforme, et de la fixité quand elles sont *en place et réglées*, ne peuvent être que nuisibles aux résultats des opérations. Nous dirons même que, dans aucun cas, on ne doit faire usage des instruments qui ont de semblables défauts.

REMPLACEMENT DES FILS CROISÉS DU RÉTICULE.

Les fils croisés du réticule peuvent quelquefois, pendant le cours des opérations, se rompre ou se détacher de l'anneau sur lequel ils sont appliqués; il est donc utile de savoir les remplacer.

Pour cela faire, on a deux fils très-déliés de ver à soie, ou, à défaut de fils de ver à soie, deux cheveux. On retire du tube de la lunette, avec toutes les précautions qu'exige cette opération délicate, le petit tube concentrique qui porte l'anneau du réticule, maintenu par une seule vis, et avec de la cire à cacheter on fixe les fils ou les cheveux dont nous venons de parler sur les bords de cet anneau, tout en observant de les bien disposer suivant les deux directions perpendiculaires tracées dans cet objet sur l'anneau lui-même, et de les bien tendre au moment de l'application de la cire.

TABLE des hauteurs de l'horizon apparent au-dessus de l'horizon vrai, et des abaissements causés par la réfraction atmosphérique, depuis la distance de 20 mètres jusqu'à celle de 500.

DISTANCES a du niveau A LA MIRE.	ÉLÉVATIONS h de l'horizon apparent au-dessus de l'horizon vrai.	ABAISSEMENTS f causés PAR LA RÉFRACTION.	QUANTITÉS q à retrancher DES VERTICALES.
$0^m,00$	$0^m,0000$	$0^m,0000$	$0^m,0000$
$20^m,00$	$0^m,0000$	$0^m,0000$	$0^m,0000$
$40^m,00$	$0^m,0001$	$0^m,0000$	$0^m,0001$
$60^m,00$	$0^m,0003$	$0^m,0001$	$0^m,0002$
$80^m,00$	$0^m,0005$	$0^m,0001$	$0^m,0004$
$100^m,00$	$0^m,0008$	$0^m,0001$	$0^m,0007$
$120^m,00$	$0^m,0011$	$0^m,0002$	$0^m,0009$
$140^m,00$	$0^m,0015$	$0^m,0002$	$0^m,0013$
$160^m,00$	$0^m,0020$	$0^m,0003$	$0^m,0017$
$180^m,00$	$0^m,0025$	$0^m,0004$	$0^m,0021$
$200^m,00$	$0^m,0031$	$0^m,0005$	$0^m,0026$
$220^m,00$	$0^m,0038$	$0^m,0006$	$0^m,0032$
$240^m,00$	$0^m,0045$	$0^m,0007$	$0^m,0038$
$260^m,00$	$0^m,0053$	$0^m,0008$	$0^m,0045$
$280^m,00$	$0^m,0062$	$0^m,0010$	$0^m,0052$
$300^m,00$	$0^m,0071$	$0^m,0011$	$0^m,0059$
$320^m,00$	$0^m,0080$	$0^m,0013$	$0^m,0067$
$340^m,00$	$0^m,0091$	$0^m,0014$	$0^m,0076$
$360^m,00$	$0^m,0102$	$0^m,0016$	$0^m,0085$
$380^m,00$	$0^m,0113$	$0^m,0018$	$0^m,0095$
$400^m,00$	$0^m,0126$	$0^m,0020$	$0^m,0106$
$420^m,00$	$0^m,0138$	$0^m,0022$	$0^m,0116$
$440^m,00$	$0^m,0152$	$0^m,0024$	$0^m,0128$
$460^m,00$	$0^m,0166$	$0^m,0027$	$0^m,0140$
$480^m,00$	$0^m,0181$	$0^m,0029$	$0^m,0152$
$500^m,00$	$0^m,0196$	$0^m,0031$	$0^m,0165$

Seconde Partie.

INSTRUCTIONS PRATIQUES

SUR

LE PIQUETAGE D'ORDRE

DES COURBES CIRCULAIRES

DE RACCORDEMENT

DANS LE TRACÉ DES LIGNES DE CHEMINS DE FER, DES ROUTES
ET DES CANAUX.

PRÉLIMINAIRES.

Parmi les diverses méthodes suivies pour le tracé des courbes en général, *la plus simple et la plus expéditive* paraît
être celle qui consiste à tracer ces courbes au moyen des tables
qui donnent les *ordonnées* correspondant à des *abscisses* également espacées et mesurées sur les *tangentes ;* mais cette
méthode ne donne point immédiatement *la position des piquets
d'ordre du nivellement en long.* Ces piquets, en effet, devant

être placés régulièrement de *cent mètres* en *cent mètres*, ou de *deux cents mètres* en *deux cents mètres*, ne tombent jamais, pour ainsi dire, aux *points de tangence*, et comme d'ailleurs leur distance constante doit être mesurée sur l'axe de la courbe même, leur position ne saurait être donnée *à priori* par les tables.

Il est vrai que pour remédier à cet inconvénient on trace la courbe dans toute son étendue, au moyen de points très-rapprochés ; puis on établit approximativement la position des *piquets d'ordre du nivellement*, en mesurant directement leurs distances sur la courbe ainsi tracée.

Quoi qu'il en soit, on voit que dans cette manière de procéder il y a une suite d'opérations pour ainsi dire inutiles : ce sont celles qui ont pour but le tracé proprement dit de la courbe.

Nous nous sommes donc proposé de résoudre *le problème direct :* c'est-à-dire, connaissant les longueurs des arcs correspondant à des *points* situés sur une courbe, de déterminer, par des formules simples et faciles, la place respective de chacun de ces *points*.

Notre principal but, en donnant ces formules, a été de prévenir, dans les opérations sur le terrain, une perte de temps qu'occasionne toujours le tracé des courbes par points rapprochés, quand on veut le faire avec une exactitude rigoureuse.

Pour *le piquetage d'ordre des courbes*, nous donnerons trois procédés différents.

Le premier, *en opérant sur les tangentes;*

Le deuxième, *en opérant sur les demi-cordes;*

Et le troisième, *en opérant sur l'axe de la courbe même.*

PREMIER PROCÉDÉ.

Piquetage d'Ordre des Courbes de Raccordement
EN OPÉRANT SUR LES TANGENTES.

Figure 1re.

L'unique objet des calculs à effectuer dans ce cas est de déterminer les *abscisses* et les *ordonnées* des points correspondant aux *piquets d'ordre du nivellement.*

Supposons une courbe $B\ C$, de 1000 mètres de rayon; l'angle A des tangentes étant de 100 degrés, la longueur de chaque tangente sera de 839m,10c, le développement de l'arc de 1396m,26c et la circonférence entière de 6283m,19c.

Les points dont il s'agit de déterminer là position, distants de 100m,00c les uns des autres, seront ceux indiqués sur chacune des *deux moitiés* de la courbe par p^1, p^2, p^3, p^4, p^5, p^6, p^7 et S; le point p^1 étant supposé tomber à 44m,80c de l'origine de la première moitié de la courbe, et le point S, qui ne fait pas partie des points correspondant aux piquets d'ordre, donnant le sommet de la courbe.

On voit immédiatement que les *abscisses* de ces points :

By^1, By^2, By^3, By^4, etc., prises sur la tangente BA, sont égales aux *sinus* des angles a^1, a^2, a^3, a^4, etc. (ou aux *demi-cordes* dès arcs de ces mêmes angles multipliés par deux), et que les *ordonnées* y^1p^1, y^2p^2, y^3p^3, y^4p^4, etc., sont les *sinus-verses* de ces mêmes angles.

On entend par *sinus-verse*, une ligne menée de la tangente à l'arc, dont la longueur est toujours égale à la différence qui existe entre le *rayon* et le *cosinus*. C'est une ligne, autrement dit, égale à la *flèche* d'un arc double; en supposant le rayon égal à l'unité, sa valeur trigonométrique peut être exprimée par : $1.00 - cos.$

Pour pouvoir déterminer les *abscisses* et les *ordonnées* des points correspondant aux *piquets d'ordre*, il nous faut d'abord calculer la valeur des angles a dont nous connaissons la longueur des arcs.

Nous aurons cette valeur au moyen du *rapport de l'angle à l'arc*.

On obtient ce rapport en divisant la somme totale des *minutes* de la circonférence (21600') par le développement de celle à laquelle se rapporte la courbe à tracer.

Or, le développement de la circonférence à laquelle correspond la courbe qui nous occupe est égale à $6283^m,19$; le rapport dont nous avons besoin sera donc égal à :

$$\frac{21600'}{6283,19}, \text{ c'est-à-dire à } 3{,}4377.$$

Comme le *rapport de l'angle à l'arc* sert de base à tous les calculs du tracé des courbes, et qu'il diffère selon les rayons, nous recommandons de n'en faire usage qu'après avoir acquis l'entière certitude qu'il ne contient aucune erreur.

Dans tous les cas, si le produit de la multiplication de ce *rapport* lui-même par le développement de la circonférence à laquelle il correspond est égal au nombre 21600', on a la preuve de son exactitude.

Au reste, pour abréger le calcul du piquetage des courbes, nous donnons à la fin de l'ouvrage un tableau de divers *rapports des angles aux arcs*.

Le rapport de l'angle à l'arc étant connu, il suffira de le multiplier par le développement des arcs a pour avoir la valeur, en *minutes* et *centièmes de minute*, des angles correspondants.

Avant de passer au calcul des angles a, nous allons donner un exemple particulier de l'application de cette règle.

Soit, par hypothèse, un arc de 55^m,50^c de développement dont on demande la valeur de l'angle, on fera :

$$55^m,50 \times 3,4377 = 190' \tfrac{79}{100} = 3°, 10', 47'' \text{ qui est la}$$

valeur de l'angle demandé.

Toutefois, nous ferons remarquer que lorsqu'on opère sur les tangentes pour le tracé ou le piquetage d'ordre d'une courbe, on peut sans inconvénient, pour simplifier le calcul, supprimer les *secondes* dans la mesure des angles ; c'est ce que nous allons faire.

Calcul des angles a.

Première moitié de la courbe.

$$a^1 = \quad 44^{m},80 \ldots\ldots\ldots \times 3,4377 = \ldots\ldots\ldots\ldots \ \big|\ 2°,34'$$
$$a^2 = 100^{m},00 + \ 44^{m},80 \times id. = 5°,43' + \ 2°,34' = \ \big|\ 8°,17'$$
$$a^3 = 100^{m},00 + 144^{m},80 \times id. = 5°,44' + \ 8°,17' = \ \big|\ 14°,01'$$
$$a^4 = 100^{m},00 + 244^{m},80 \times id. = 5°,44' + 14°,01' = \ \big|\ 19°,45'$$
$$a^5 = 100^{m},00 + 344^{m},80 \times id. = 5°,44' + 19°,45' = \ \big|\ 25°,29'$$
$$a^6 = 100^{m},00 + 444^{m},80 \times id. = 5°,44' + 25°,29' = \ \big|\ 31°,13'$$
$$a^7 = 100^{m},00 + 544^{m},80 \times id. = 5°,44' + 31°,13' = \ \big|\ 36°,57'$$
$$a^8 = \quad 53^{m},33 + 644^{m},80 \times id. = 3°,03' + 36°,57' = \ \big|\ 40°,00'$$

Deuxième moitié de la courbe.

$$a^1 = \quad 51^{m},46 \ldots\ldots\ldots \times 3,4377 = \ldots\ldots\ldots\ldots \ \big|\ 2°,56'$$
$$a^2 = 100^{m},00 + \ 51^{m},46 \times id. = 5°,44' + \ 2°,56' = \ \big|\ 8°,40'$$
$$a^3 = 100^{m},00 + 151^{m},46 \times id. = 5°,44' + \ 8°,40' = \ \big|\ 14°,24'$$
$$a^4 = 100^{m},00 + 251^{m},46 \times id. = 5°,44' + 14°,24' = \ \big|\ 20°,08'$$
$$a^5 = 100^{m},00 + 351^{m},46 \times id. = 5°,44' + 20°,08' = \ \big|\ 25°,52'$$
$$a^6 = 100^{m},00 + 451^{m},46 \times id. = 5°,44' + 25°,52' = \ \big|\ 31°,36'$$
$$a^7 = 100^{m},00 + 551^{m},46 \times id. = 5°,44' + 31°,36' = \ \big|\ 37°,20'$$
$$a^8 = \quad 46^{m},67 + 651^{m},46 \times id. = 2°,40' + 37°,20' = \ \big|\ 40°,00'$$

La valeur des angles a étant connue, pour avoir les points où tombent les piquets d'ordre de la courbe, il nous reste à calculer les *abscisses* et les *ordonnées* correspondant à ces angles.

On obtient l'abscisse correspondant à un angle a quelconque en multipliant le sinus naturel de cet angle par le rayon R de la courbe.

On obtient l'ordonnée en retranchant du rayon des tables le cosinus naturel du même angle ($1.00 - \cos$), et en multipliant le reste par le rayon R de la courbe.

APPLICATION.

Calcul des Abscisses et des Ordonnées.

Première moitié de la courbe.

Angl. a.	Sinus $\times R$.	Abscisses	$(1.00 - Cos.) \times R$.	Ordonnées.
2°,34'	0ᵐ,04478 × 1,000ᵐ =	44ᵐ,78	0ᵐ,00100 × 1,000ᵐ =	1ᵐ,00
8°,17'	0ᵐ,14407 × id. =	144ᵐ,07	0ᵐ,01043 × id. =	10ᵐ,43
14°,01'	0ᵐ,24220 × id. =	242ᵐ,20	0ᵐ,02977 × id. =	29ᵐ,77
19°,45'	0ᵐ,33792 × id. =	337ᵐ,92	0ᵐ,05882 × id. =	58ᵐ,82
25°,29'	0ᵐ,43025 × id. =	430ᵐ,25	0ᵐ,09729 × id. =	97ᵐ,29
31°,13'	0ᵐ,51828 × id. =	518ᵐ,28	0ᵐ,14479 × id. =	144ᵐ,79
36°,57'	0ᵐ,60112 × id. =	601ᵐ,12	0ᵐ,20084 × id. =	200ᵐ,84
40°,00'	0ᵐ,64279 × id. =	642ᵐ,79	0ᵐ,23396 × id. =	233ᵐ,96

Deuxième moitié de la courbe.

Angl. a.	Sinus $\times R$.	Abscisses	$(1.00 - Cos.) \times R$.	Ordonnées.
2°,56'	0ᵐ,05118 × 1,000ᵐ =	51ᵐ,18	0ᵐ,00131 × 1,000ᵐ =	1ᵐ,31
8°,40'	0ᵐ,15068 × id. =	150ᵐ,68	0ᵐ,01142 × id. =	11ᵐ,42
14°,24'	0ᵐ,24869 × id. =	248ᵐ,69	0ᵐ,03142 × id. =	31ᵐ,42
20°,08'	0ᵐ,34421 × id. =	344ᵐ,21	0ᵐ,06111 × id. =	61ᵐ,11
25°,52'	0ᵐ,43628 × id. =	436ᵐ,28	0ᵐ,10024 × id. =	100ᵐ,24
31°,36'	0ᵐ,52398 × id. =	523ᵐ,98	0ᵐ,14828 × id. =	148ᵐ,28
37°,20'	0ᵐ,60645 × id. =	606ᵐ,45	0ᵐ,20488 × id. =	204ᵐ,88
40°,00'	0ᵐ,64279 × id. =	642ᵐ,79	0ᵐ,23396 × id. =	233ᵐ,96

Par ce qui précède nous voyons que le tracé des courbes exige toujours deux opérations distinctes : la première com-

4

mencé au point d'entrée de la courbe, la seconde au point de sortie, et toutes les deux se terminent au sommet.

Néanmoins, pour les courbes dont le développement n'excède pas la *sixième* partie de la circonférence entière, on peut continuer et terminer les opérations de calcul et de tracé en opérant sur la première tangente *B A* et sur son prolongement, pourvu, toutefois, que la forme du terrain sur lequel on opère ne s'y oppose pas.

D'un autre côté, si le développement que prennent les ordonnées à mesure qu'elles s'approchent du sommet de la courbe présente quelque inconvénient, on réduira leur longueur en traçant à volonté, sur le terrain, des parallèles aux tangentes, comme cela est indiqué sur la deuxième moitié de la courbe par la parallèle p^5 *K*.

Nous allons donner maintenant le résumé des calculs qu'on aura à faire sur le terrain pour le piquetage des courbes.

Comme on est obligé, lorsqu'on fait le tracé d'une route ou d'une ligne de chemin de fer, de calculer les courbes de raccordement sur les lieux mêmes, et que pendant tout le temps qu'exige cette opération la troupe des chaîneurs, porte-mire et jalonneurs reste nécessairement dans l'inaction, il importe d'avoir à sa disposition, pour la solution des problèmes qui se présentent en pareil cas, les moyens les plus expéditifs.

RÉSUMÉ DES CALCULS A FAIRE SUR LE TERRAIN

Pour le Piquetage d'une Courbe de Raccordement,

EN OPÉRANT SUR LES TANGENTES.

COURBE DE (*Tel endroit*).

L'angle dés tangentes étant de 100°,00',

Et le rayon appliqué étant de 1000^m,

Les autres parties de la courbe seront, savoir :

Tangentes..................	839^m,10	Demi-cordes.................	642^m,79
Développ' de la courbe.	1396^m,26	Flèche.......................	233^m,96
Demi-développement *id*.	698^m,13	Sécante......................	305^m,41
Circonférence entière....	6283^m,19	Rapport de l'angle à l'arc.	3,4377

(Nota. — Les quantités ci-dessus ne sont jamais calculées sur le terrain : le rayon est presque toujours pris arbitrairement; l'angle des tangentes est donné par les instruments graphiques, et les autres quantités sont prises dans des *tables* dressées spécialement pour le tracé des courbes, telles que les tables de *Prus*.)

Position des Piquets d'Ordre sur la Courbe.

Première moitié de la courbe.

Distance du piquet *B* au premier piquet d'ordre p^1..............	44^m,80
Viennent ensuite six piquets successifs, placés de cent mètres en cent mètres..	600^m,00
Distance du dernier de ces piquets (p^7) au sommet *S* de la courbe..	53^m,33
Total pour la première moitié de la courbe....	698^m,13

Deuxième moitié de la courbe.

Distance du piquet C au premier piquet d'ordre p^1.............. 51^m,46

Viennent ensuite six piquets successifs, placés de cent mètres
en cent mètres.. 600^m,00

Distance du dernier de ces piquets (p^7) au sommet S de la
courbe.. 46^m,67

TOTAL ÉGAL pour la deuxième moitié de la courbe... 698^m,13

Calcul des Angles a.

(Même calcul que celui déjà donné.)

Calcul des Abscisses et des Ordonnées.

(Même calcul que celui déjà donné.)

Ce qu'on a de plus simple à faire pour déterminer les abscisses et les ordonnées des tangentes d'une courbe est incontestablement ce que nous venons de faire connaître; néanmoins, lorsqu'on n'a pas à sa disposition les tables des sinus et cosinus naturels, on a recours aux tables de Prus ou aux logarithmes.

Nous ferons remarquer d'abord que les *tangentes*, *sécantes*, *flèches* et *demi-cordes* des tables de Prus ne sont rien moins que des lignes trigonométriques naturelles multipliées par *cent*, qui se rapportent directement aux *compléments de la moitié des angles inscrits en tête desdites tables.*

Or, pour pouvoir appliquer ces lignes aux calculs des abscisses et des ordonnées des courbes, il faut considérer les angles a comme étant eux-mêmes les *compléments* dont nous venons de parler, et chercher quels sont les angles inscrits en tête des tables de Prus auxquels ils correspondent.

On trouve les angles correspondants en faisant :

a correspond à $(90°,00' — a) \times 2$.

D'où l'on déduit, pour la courbe de mille mètres de rayon :

Sinus $a^1 = $ *demi-corde* $(90°,00' — 2°,34') \times 2 = $ *demi-corde* $174°,52' = 4^m,478 \times 10 = $ *abscisse* $44^m,78$.

Rayon moins cosinus $a^1 = $ *flèche* $(90°,00' — 2°,34') \times 2 = $ *flèche* $174°,52' = 0^m,100 \times 10 = $ *ordonnée* $1^m,00$.

Etc., etc.

Nous allons donner maintenant les formules à employer pour avoir les *abscisses* et les *ordonnées* des tangentes au moyen des logarithmes.

Soit toujours R le rayon de la courbe $= 1000$ mètres, et r le rayon des tables dont le logarithme est 10.

On obtiendra l'*abscisse* en faisant :

Log. abscisse $a = $ log. sinus des tables $+$ log. $R —$ log. r.

Pour avoir l'*ordonnée*, il faudra d'abord chercher le *nombre correspondant* au log. de cosinus a, et retrancher ensuite ce nombre du rayon R de la courbe.

On aura le log. de cosinus a en faisant :

Log. cosinus $a = $ log. $R +$ log. cosinus des tables $-$ log. r.

D'où l'on tirera, en opérant sur les nombres :

Ordonnée $a = R -$ cos. a.

APPLICATION.

1° Calcul des Abscisses.

Log. sinus 2°,34' = ... 8,65110

+ *Log. R* = ... 3,00000

Somme.................. 11,65110

— *Log. r* = ... 10,00000

Différence = *Log. abscisse* a^1 = ... 1,65110

Nombre correspondant = *Abscisse.* a^1 = ... $44^m,78$

Et ainsi de suite pour les angles a^2, a^3, etc.

2° Calcul des Ordonnées.

Rayon R de la courbe = ... $1000^m,00$

Log. R = ... 3,00000

+ *Log. cos.* 2°,34' = ... 9,99956

Somme = ... 12,99956

— *Log. r* = ... 10,00000

Différence = *Log. cos.* a^1 = ... 2,99956

Nombre correspondant = *Cosinus* a^1 = ... $999^m,00$

Différence = *Ordonnée* a^1 = ... $1^m,00$

Et ainsi de suite pour les angles a^2, a^3, etc.

DEUXIÈME PROCÉDÉ.

Piquetage d'Ordre des Courbes de Raccordement

EN OPÉRANT SUR LES DEMI-CORDES.

Figures 1re et 2e,

Quand il s'agit de déterminer sur le terrain, de prime-abord, la courbure d'un arc de raccordement avec les piquets d'ordre seuls, ce qu'il y a de plus simple à faire et de plus expéditif est de prendre, comme nous venons de l'indiquer, les tangentes pour base de l'opération ; cependant, comme il peut arriver quelquefois que des obstacles, tels que bâtiments, marais, rivières, forêts, etc., placés entre ces tangentes et la courbe, s'opposent à l'application directe de ce procédé, il est bon d'avoir d'autres moyens pour obvier à ces inconvénients.

En pareils cas, on opère sur les *demi-cordes* en les *transposant;* c'est-à-dire, en les menant du sommet de la courbe perpendiculairement aux rayons qui aboutissent aux points de tangence.

La véritable *demi-corde* de la courbe (*fig.* 2e) est la ligne $B\ C'$; la ligne $F\ S$ est une *demi-corde transposée* (pour les besoins de la cause), égale d'ailleurs à $B\ C'$, et dont les rapports avec la demi-courbe, pris en sens contraire, sont les mêmes.

Soit toujours la même courbe qu'il s'agisse de piqueter.

Il nous faudra faire d'abord tous les calculs indiqués pour

le cas où l'opération doit avoir lieu sur les tangentes ; ensuite nous aurons à chercher les *ordonnées* des *demi-cordes F S*.

Quant aux *abscisses* prises sur ces dernières lignes, elles sont les mêmes que celles prises sur les tangentes correspontes : il suffit d'examiner la *figure* 2e pour s'en convaincre ; ceci n'a pas besoin de démonstration.

Nous nous bornerons donc à faire connaître comment on obtient les ordonnées de la demi-corde $F\ S$.

Cette demi-corde étant parallèle à la tangente $B\ A$, et la flèche $F\ B$ étant égale et parallèle à l'ordonnée $S\ y^8$, il en résulte que pour avoir les ordonnées $x^1\ p^1$, $x^2\ p^2$, $x^3\ p^3$, $x^4\ p^4$, etc., élevées sur la demi-corde $F\ S$, il suffit de retrancher de la flèche $F\ B$ les ordonnées $y^1\ p^1$, $y^2\ p^2$, $y^3\ p^3$, etc., abaissées de la tangente $B\ A$.

EXEMPLE.

Première moitié de la courbe.

	ORDONNÉES.
$F\ B = S\ y^8$ .... $=$	$233^m,96$
$x^1\ p^1 = F\ B - y^1\ p^1 = 233^m,96 - 1^m,00 =$	$232^m,96$
$x^2\ p^2 = F\ B - y^2\ p^2 = 233^m,96 - 10^m,43 =$	$223^m,53$
$x^3\ p^3 = F\ B - y^3\ p^3 = 233^m,96 - 29^m,77 =$	$204^m,19$
$x^4\ p^4 = F\ B - y^4\ p^4 = 233^m,96 - 58^m,82 =$	$175^m,14$
$x^5\ p^5 = F\ B - y^5\ p^5 = 233^m,96 - 97^m,29 =$	$136^m,67$
$x^6\ p^6 = F\ B - y^6\ p^6 = 233^m,96 - 144^m,79 =$	$89^m,17$
$x^7\ p^7 = F\ B - y^7\ p^7 = 233^m,96 - 200^m,84 =$	$33^m,12$
$S\ =$	$0^m,00$

NOTA. — On fera un semblable calcul pour la deuxième moitié de la courbe.

TROISIÈME PROCÉDÉ.

Piquetage d'Ordre des Courbes de Raccordement
EN OPÉRANT SUR L'AXE DE LA COURBE MÊME.

Figure 3ᵉ.

Cette manière d'opérer, qui exige des calculs non difficiles, mais un peu longs, ne doit être employée que très-rarement, seulement lorsque des obstacles, existant à droite et à gauche de la courbe, ne permettent absolument pas d'opérer ni sur les tangentes ni sur les demi-cordes.

Pour effectuer le piquetage d'une courbe en opérant sur son axe, il faut nécessairement avoir *la mesure des angles que doivent former les piquets entr'eux* et *la longueur des côtés de ces angles.*

Il est évident qu'avec ces deux données on possède tout ce qu'il faut pour établir sur le terrain la *ligne polygonale $B\,p^1$,* $p^1\,p^2$, $p^3\,p^4$, etc., qui forme le tracé de la courbe elle-même.

Nous allons donner les moyens de trouver ces angles ainsi que leurs côtés.

Faisons remarquer d'abord que les côtés des *angles des piquets* sont réellement les cordes des arcs a, ou les doubles sinus de la moitié des angles a; que chacun des angles des piquets, divisé en deux parties par le rayon qui aboutit à son

4*

sommet, se compose lui-même de deux angles adjacents, dont l'un est à droite et l'autre à gauche du rayon.

Or, ce sont ces deux derniers angles qui nous donneront la valeur des angles des piquets.

Partons du principe.

Deux rayons consécutifs, pris sur une même courbe, réunis à leur sommet par une corde, constituent un *triangle isoscèle.*

Ce sont donc des triangles de cette espèce que nous aurons à résoudre.

Mais nous savons déjà trouver la valeur des angles a formés par la rencontre des rayons au centre de la circonférence; il ne nous reste donc qu'à chercher, pour chaque triangle, la valeur des deux angles formés par les rayons et la corde.

D'abord nous voyons que ces deux angles sont égaux par construction, et que, pris ensemble, ils sont le supplément de l'angle a.

Nous aurons donc la valeur de ces angles, que nous désignerons par b et d, en faisant :

$$b + d = 180°,00' - a, \text{ d'où } b = \frac{180°,00' - a}{2} = d.$$

La valeur de tous les angles b et d étant connue, il suffira, pour avoir la mesure de chacun des angles formés par les piquets de la courbe, de faire la somme des deux angles d et b correspondant au même piquet.

Soit toujours la même courbe qu'il s'agisse de tracer ou piqueter.

Si nous tenons compte des *secondes* dans le calcul des angles, ce qui est nécessaire quand on opère sur l'axe de la courbe même, il nous viendra :

$$
\begin{array}{ll}
\text{Piq. } \boldsymbol{B.} &
\begin{cases}
\text{Angle extérieur formé par le premier} \\
\quad \text{rayon et l'alignement} \ldots\ldots\ldots = 90^\circ,00',00'' \\[2mm]
1er\ \text{Triangle}: b = \dfrac{180^\circ - 2^\circ,34',00''}{2} = 88\ \ 43\ \ 00
\end{cases} 178^\circ.43'.00'' \\[10mm]

\text{Piq. } \boldsymbol{p^1} &
\begin{cases}
1er\ \text{Triangle}: d = \dfrac{180^\circ - 2^\circ,34',00''}{2} = 88\ \ 43\ \ 00 \\[4mm]
2^e\ \text{Triangle}: b = \dfrac{180^\circ - 5^\circ,43',46''}{2} = 87\ \ 08\ \ 07
\end{cases} 175\ \ 51\ \ 07 \\[10mm]

\text{Piq. } \boldsymbol{p^2} &
\begin{cases}
2e\ \text{Triangle}: d = \dfrac{180^\circ - 5^\circ,43',46''}{2} = 87\ \ 08\ \ 07 \\[4mm]
3e\ \text{Triangle}: b = (\text{Comme ci-dessus}).\ \ 87\ \ 08\ \ 07
\end{cases} 174\ \ 16\ \ 14
\end{array}
$$

		ANGLES DES PIQUETS.
Piq. p^3	(Même calcul que le précédent)…… » » »	174 16 14
Piq. p^4	(*Idem*)……………………… » » »	174 16 14

Etc., etc.

Passons maintenant aux *cordes* des arcs a, dont les longueurs donneront les distances des piquets entr'eux.

Nous avons dit que chacune de ces lignes était égale au *double sinus* de la moitié de l'angle a correspondant, ce qu'on exprime par :

$$\text{Corde } a = \text{sinus } \tfrac{1}{2}\, a \times 2.$$

Faisons l'application de cette formule aux lignes dont il s'agit.

Divisons d'abord les angles a par deux :

$\frac{1}{2}\,a^1 =$	1°,17',00"	$\frac{1}{2}\,a^9 =$	1°,20',13"
$\frac{1}{2}\,a^2 =$	2°,51',53"	$\frac{1}{2}\,a^{10} =$	2°,51',53"
$\frac{1}{2}\,a^3 =$	2°,51',53"	$\frac{1}{2}\,a^{11} =$	2°,51',53"
$\frac{1}{2}\,a^4 =$	2°,51',53"	$\frac{1}{2}\,a^{12} =$	2°,51',53"
$\frac{1}{2}\,a^5 =$	2°,51',53"	$\frac{1}{2}\,a^{13} =$	2°,51',53"
$\frac{1}{2}\,a^6 =$	2°,51',53"	$\frac{1}{2}\,a^{14} =$	2°,51',53"
$\frac{1}{2}\,a^7 =$	2°,51',53"	$\frac{1}{2}\,a^{15} =$	2°,51',53"
$\frac{1}{2}\,a^8 =$	1°,31',40"	$\frac{1}{2}\,a^{16} =$	1°,28',27"

Maintenant, pour avoir les distances des piquets entr'eux, il suffit de doubler les sinus naturels des angles du précédent tableau et de les multiplier par le rayon R de la courbe.

APPLICATION.

Sin. $\frac{1}{2}\,a^1$ (1°,17',00") $= 0^m,02239 \times 2 = 0^m,04478$ $\times 1000^m =$ corde $a^1 = 44^m,78$.

Sin. $\frac{1}{2}\,a^2$ (2°,51',53") $= 0^m,04998 \times 2 = 0^m,09996$ $\times 1000^m =$ corde $a^2 = 99^m,96$.

Etc., etc.

Si l'on se sert des logarithmes, R étant toujours le rayon de la courbe et r le rayon des tables, on fera :

Log. sinus 1°,17',00" $=$	8,35018
$+$ *Log. R.* $=$	3,00000
Somme $=$	11,35018
$-$ *Log. r* $=$	10,
Différence $=$ *Log. sin.* $\frac{1}{2}\,a^1 =$	1,35018
Nombre correspondant $=$ *sin.* $\frac{1}{2}\,a^1 =$	22^m,40
D'où l'on tire : *Corde* $a^1 =$	44^m,80

Log. sinus 2°,51',53" = ... 8,69887

+ *Log. R.* = ... 3,00000

Somme 11,69887

— *Log. r* = ... 10,

Différence = *Log. sin.* $\frac{1}{2}$ a^2 = ... 1,69887

Nombre correspondant = $sin.$ $\frac{1}{2}$ a^2 = ... 49^m,99

D'où l'on déduit : *Corde a²* = ... 99^m,98

Etc., etc.

Dans les calculs qui précèdent, nous voyons que par suite du peu d'amplitude des angles *a*, la longueur des *cordes* diffère peu de celle des *arcs*.

Il est certain que le calcul des cordes devient inutile lorsque leur longueur n'excède pas la *dixième* partie de celle des rayons des courbes.

On pourra donc, sans inconvénient, supprimer ce calcul toutes les fois que les cordes se trouveront dans une semblable condition, et faire :

Corde a^1 = arc a^1; corde a^2 = arc a^2, etc., etc.,

Ce qui en définitive simplifiera le travail.

Néanmoins, la différence entre les *arcs* et les *cordes* augmentant naturellement avec l'amplitude des angles *a*, le calcul des cordes est indispensable pour tous les cas où ces angles présentent une ouverture plus grande que celle de ceux que nous venons de signaler.

Abrégé des Calculs qui précèdent.

Les détails que nous venons de donner sur le troisième procédé n'ont eu pour but que de poser, une fois pour toutes, les bases sur lesquelles s'appuient les différents calculs qui s'y rattachent; mais ces calculs peuvent être réduits; on a des moyens plus simples encore qui découlent des mêmes principes et qui remplissent le même objet.

Les formules qui suivent dispenseront de résoudre directement les triangles formés par les rayons et les cordes, et abrègeront en outre le calcul de ces dernières.

Ainsi, pour avoir la valeur des angles des piquets du tracé, il suffira de faire :

$$\text{PIQUET } B = (180° - \tfrac{1}{2}\,a^1) = (180° - 1°,17',00'') = 178°,43',00''$$

$$\text{PIQUET } p^1 = \left(180° - \frac{a^1 + a^2}{2}\right) = (180° - 4°,08',53'') = 175°,51',07''$$

$$\text{PIQUET } p^2 = \left(180° - \frac{a^2 + a^3}{2}\right) = (180° - 5°,43',46'') = 174°,16',14''$$

$$\text{PIQUET } p^3 = (\text{Comme le précédent})\dots\dots\dots\dots 174°,16',14''$$

$$\text{PIQUET } p^4 = (Idem)\dots\dots\dots\dots\dots 174°,16',14''$$

Etc., etc.

On peut avoir les *cordes* ou droites qui réunissent les piquets du tracé, sans diviser les angles a par deux, si l'on possède les tables de Prus.

A cet effet, on considèrera les arcs des **angles** *a* comme présentant chacun *une courbe entière*, et l'on cherchera la valeur des angles (*A*) *supposés formés* par les tangentes de ces arcs. La *demi-corde* donnée par les tables de Prus en regard de chacun de ces derniers angles, multipliée par dix, sera la *moitié de la droite demandée*.

Pour avoir les angles *A*, on n'aura qu'à faire :

$$A = (180° - a).$$

Et il viendra :

$$A^1 = (180° - 2°,34',00'') = \dots\dots\dots\dots\dots\quad 177°,26',00''$$
$$A^2 = (180° - 5°,43',46'') = \dots\dots\dots\dots\dots\quad 174°,16',14''$$
$$A^3 = (180° - \quad id. \quad) = \dots\dots\dots\dots\dots\quad 174°,16',14''$$
$$A^4 = (180° - \quad id. \quad) = \dots\dots\dots\dots\dots\quad 174°,16',14''$$
$$A^5 = (180° - \quad id. \quad) = \dots\dots\dots\dots\dots\quad 174°,16',14''$$
$$A^6 = (180° - \quad id. \quad) = \dots\dots\dots\dots\dots\quad 174°,16',14''$$
$$A^7 = (180° - \quad id. \quad) = \dots\dots\dots\dots\dots\quad 174°,16',14''$$
$$A^8 = (180° - 3°,03',20'') = \dots\dots\dots\dots\dots\quad 176°,56',40''$$
$$A^9 = (180° - 2°,40',26'') = \dots\dots\dots\dots\dots\quad 177°,19',34''$$
$$A^{10} = (180° - 5°,43',46'') = \dots\dots\dots\dots\dots\quad 174°,16',14''$$
$$A^{11} = (180° - \quad id. \quad) = \dots\dots\dots\dots\dots\quad 174°,16',14''$$
$$A^{12} = (180° - \quad id. \quad) = \dots\dots\dots\dots\dots\quad 174°,16',14''$$
$$A^{13} = (180° - \quad id. \quad) = \dots\dots\dots\dots\dots\quad 174°,16',14''$$
$$A^{14} = (180° - \quad id. \quad) = \dots\dots\dots\dots\dots\quad 174°,16',14''$$
$$A^{15} = (180° - \quad id. \quad) = \dots\dots\dots\dots\dots\quad 174°,16',14''$$
$$A^{16} = (180° - 2°,56',54'') = \dots\dots\dots\dots\dots\quad 177°,03',06''$$

Enfin, si nous cherchons dans les tables de Prus les *demi-cordes* qui correspondent à ces derniers angles, nous aurons :

$A^1 = 177°,26',00''$ dont demi-corde $= 2^m,240 \times 10$
$= 22^m,40 \times 2 =$ corde $a^1 = 44^m,80$.

$A^2 = 174°,16',14''$ dont demi-corde $= 4^m,999 \times 10$
$= 49^m,99 \times 2 =$ corde $a^2 = 99^m,98$.

Etc., etc.

Les moyens que nous venons de donner pour le *piquetage d'ordre* des courbes circulaires à un seul centre sont applicables également aux courbes en arc de cercle à deux centres.

On substitue le plus souvent ces dernières aux courbes paraboliques.

La courbe circulaire à deux centres, comme la courbe parabolique, est employée toutes les fois qu'on est obligé d'avoir deux tangentes d'inégales longueurs. Ce cas se présente toujours lorsqu'il faut rigoureusement faire passer la courbe par *un* ou plusieurs *points donnés* qu'un seul arc de cercle ne peut rencontrer.

Nous allons indiquer, en terminant, ce qu'il y a de plus simple à faire pour fixer sur le terrain les principaux points des lignes au moyen desquelles le tracé des courbes circulaires à deux centres est effectué.

Figure 4ᵉ.

Soit *A* l'angle à raccorder.

Soit aussi *m, n, o, p, q* des points par lesquels, ou par quelques-uns desquels, l'on soit obligé de faire passer la courbe.

On tracera d'abord la ligne *B C* et l'on marquera sur cette ligne le point *S*, où doivent se rencontrer les deux arcs.

Ici nous devons faire remarquer que la position de la ligne *B C* et la position du point *S*, qui ne sont pas susceptibles de définitions géométriques et qu'on ne peut trouver, par conséquent, que par le tâtonnement, sont toujours subordonnées à la situation des *points obligés ;* d'où il résulte que les distances *A B* et *A C* sont variables et peuvent présenter entr'elles, selon les cas, des différences plus ou moins grandes.

Lorsqu'il n'est donné qu'un seul point par où l'on soit obligé de faire passer la courbe, et qu'on peut sans inconvénient y fixer le point *S* ou l'un des points de tangence *D* ou *E*, la solution du problème est des plus simples ; mais ce cas ne peut être qu'exceptionnel.

Ces remarques posées une fois pour toutes, nous continuons nos indications.

On portera ensuite la longueur *B S* en *B D*, et la longueur *C S* en *C E ;* puis l'on mesurera les angles *B* et *C*.

Les lignes *D B* et *S B* sont les tangentes du grand arc *D S*, et les lignes *S C* et *E C* sont celles du petit arc *S E*.

Dans tous les cas, on a la preuve de l'exactitude de la mesure des deux angles *B* et *C*, lorsque la somme de leurs suppléments, augmentée de l'angle *A*, est égale à 180°.

Pour avoir les longueurs des rayons *D a* et *E a'*, il faut connaître la valeur de chacun des angles *a* et *a'*.

Soit le rayon du grand arc $D\ S$ qu'il s'agisse de trouver d'abord.

La mesure de l'angle a est égale à 180 degrés, moins l'angle des tangentes de l'arc correspondant; ce qu'on peut exprimer ici par :

$$a = 180° - B.$$

Et on a le rayon $a\ D$ en posant la proportion suivante :

La tangente des tables $\frac{1}{2}\ a$ est à la tangente donnée, comme le rayon des tables est au rayon cherché.

Soit pour abréger :

Tang. des tables $\frac{1}{2}\ a$: $D\ B$ :: 1,00 : $a\ D$.

(Mêmes calculs pour avoir le rayon de l'arc $E\ S$.)

Les tangentes, les angles formés par la rencontre des tangentes et les rayons étant connus, les autres lignes de la courbe peuvent être facilement trouvées par le calcul, ou plutôt, peuvent être prises dans les tables dressées pour cet objet.

Enfin, pour ce qui est du *piquetage d'ordre* d'une courbe de l'espèce de celle dont nous venons de nous occuper, on aura *deux opérations différentes* à faire sur le terrain, et pour les calculs de ce piquetage, *deux rapports de l'angle à l'arc différents* à employer.

TABLEAU

DES RAPPORTS DES ANGLES AUX ARCS,

POUR LES RAYONS DE 50 MÈTRES A 5000 MÈTRES.

RAYONS des COURBES.	RAPPORTS des angles AUX ARCS.	VALEUR DES ANGLES correspondant AUX ARCS DE 100 MÈTRES de développement		CIRCONFÉ-RENCES correspondant aux RAYONS.	DÉVELOP-PEMENT des arcs d'une minute.
		Exprimés en minutes et centièmes de minute.	Exprimés en degrés, minutes et secondes.		
50^m	68,755	6875',50	114°,35',30"	314^m,16	0^m,01454
100	34,377	3437',70	57 17 42	628 32	0 02909
150	22,919	2291',90	38 11 05	942 48	0 04363
200	17,188	1718',80	28 38 48	1256 64	0 05818
250	13,751	1375',10	22 55 06	1570 80	0 07272
300	11,459	1145',90	19 05 54	1884 96	0 08727
350	9,822,1	982',21	16 22 13	2199 12	0 10181
400	8,594,2	859',42	14 19 25	2513 27	0 11636
450	7,639,4	763',94	12 43 56	2827 43	0 13090
500	6,875,4	687',54	11 27 32	3141 59	0 14544
550	6,250,4	625',04	10 25 02	3455 75	0 15998
600	5,729,6	572',96	9 32 58	3769 91	0 17453
650	5,288,8	528',88	8 48 53	4084 07	0 18908
700	4,911,0	491',10	8 11 06	4398 23	0 20362
750	4,583,6	458',36	7 38 22	4712 39	0 21816
800	4,297,1	429',71	7 09 43	5026 55	0 23271
850	4,044,4	404',44	6 44 26	5340 71	0 24725
900	3,819,7	381',97	6 21 58	5654 87	0 26180
950	3,618,7	361',87	6 01 52	5969 03	0 27634
1000	3,437,7	343',77	5 43 46	6283 19	0 29089
1100	3,125,2	312',52	5 12 31	6911 50	0 31998
1200	2,864,7	286',47	4 46 28	7539 82	0 34907
1300	2,644,4	264',44	4 24 26	8168 14	0 37816

RAYONS des COURBES.	RAPPORTS des angles AUX ARCS.	VALEUR DES ANGLES correspondant AUX ARCS DE 100 MÈTRES de développement		CIRCONFÉ-RENCES correspondant aux RAYONS.	DÉVELOP-PEMENT des arcs d'une minute.
		Exprimés en minutes et centièmes de minute.	Exprimés en degrés, minutes et secondes.		
1400^m	2,455,5	245',55	4°,05',33"	8796^m,46	0^m,40725
1500	2,291,8	229',18	3 49 11	9424 78	0 43633
1600	2,148,6	214',86	3 34 52	10053 10	0 46542
1700	2,022,2	202',22	3 22 13	10681 42	0 49451
1800	1,909,9	190',99	3 10 59	11309 73	0 52360
1900	1,809,3	180',93	3 00 56	11938 05	0 55269
2000	1,718,8	171',88	2 51 53	12566 37	0 58178
2100	1,637,0	163',70	2 43 42	13194 69	0 61087
2200	1,562,6	156',26	2 36 16	13823 01	0 63996
2300	1,494,7	149',47	2 29 28	14451 33	0 66905
2400	1,432,4	143',24	2 23 14	15079 64	0 69814
2500	1,375,1	137',51	2 17 31	15707 96	0 72723
2600	1,322,2	132',22	2 12 13	16336 28	0 75632
2700	1,273,2	127',32	2 07 19	16964 60	0 78541
2800	1,227,7	122',77	2 02 46	17592 92	0 81450
2900	1,185,4	118',54	1 58 32	18221 24	0 84359
3000	1,145,9	114',59	1 54 35	18849 56	0 87267
3500	0,982,2	98',22	1 38 13	21991 15	1 01811
4000	0,859,4	85',94	1 25 56	25132 74	1 16355
4500	0,763,9	76',39	1 16 23	28274 33	1 30900
5000	0,687,5	68',75	1 03 45	31415 93	1 45444

NOTA. — La dernière colonne du tableau servira, au besoin, pour trouver la longueur d'un arc, l'angle correspondant étant donné.

Il suffira, dans ce cas, de multiplier *la valeur* de l'angle donné, *exprimée en minutes,* par le *développement de l'arc d'une minute* correspondant au numération.

FIN.

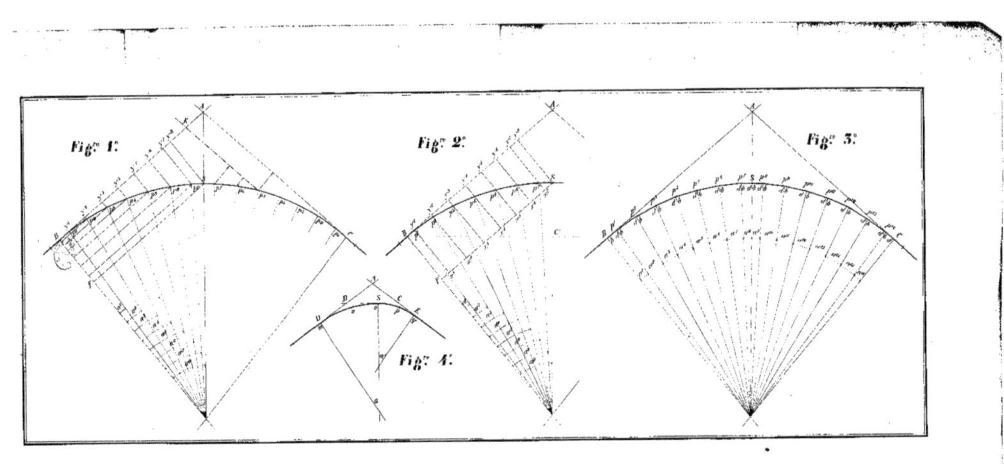

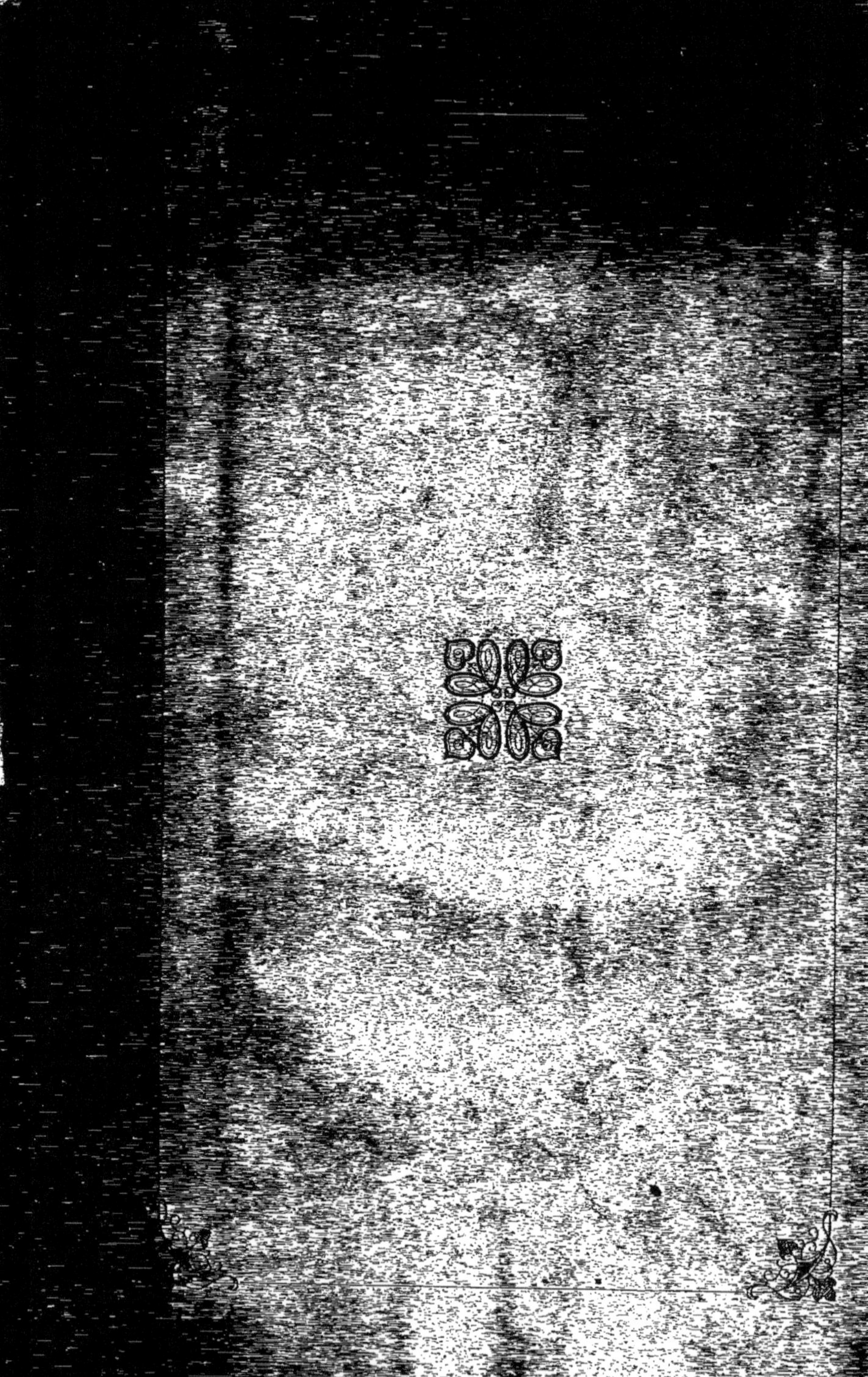

www.ingramcontent.com/pod-product-compliance
Ingram Content Group UK Ltd.
Pitfield, Milton Keynes, MK11 3LW, UK
UKHW022119070726
13613UKWH00003B/1171